An der Ampel

Petra und Uwe gehen zur Schule.
Es ist schon spät.
Schnell laufen sie zur Ecke.
Zu dumm! Die Ampel wird gerade rot.
Die Kinder schauen nach links und rechts.
Ganz weit weg sehen sie ein Auto.
Sollen sie schnell über die Straße laufen?
Doch Uwe sagt: „Das ist zu gefährlich.
Wir warten, bis die Ampel grün ist.
So viel Zeit haben wir."

neue Lernwörter

	bis ○	gefährlich ○	spät ○
	das ○	grün ○	warten ○
	doch ○	schauen ○	weg ○
Ampel ○	dumm ○	so ○	weit ○
an ○	Ecke ○	sollen ○	Zeit ○

alte Lernwörter

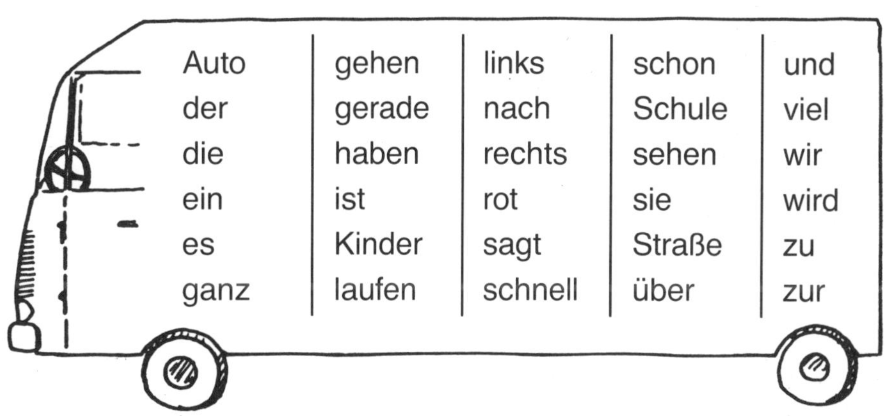

Auto	gehen	links	schon	und
der	gerade	nach	Schule	viel
die	haben	rechts	sehen	wir
ein	ist	rot	sie	wird
es	Kinder	sagt	Straße	zu
ganz	laufen	schnell	über	zur

1. Unterstreiche im Text die neuen Lernwörter rot,
die alten Lernwörter grün!

2. Partnerdiktat: Diktiert euch die alten Lernwörter!

3. Wie heißen die Reimwörter?

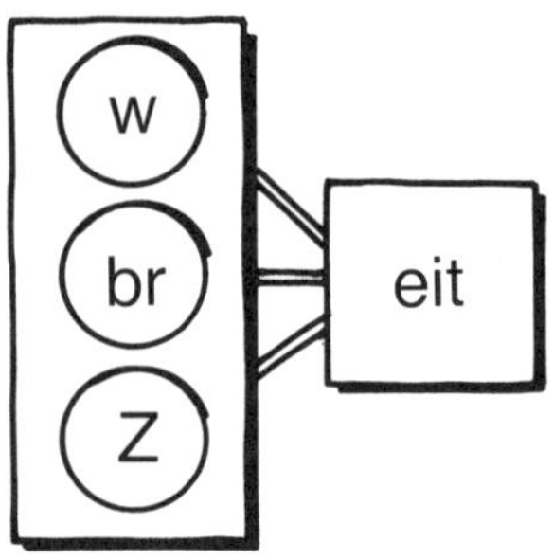

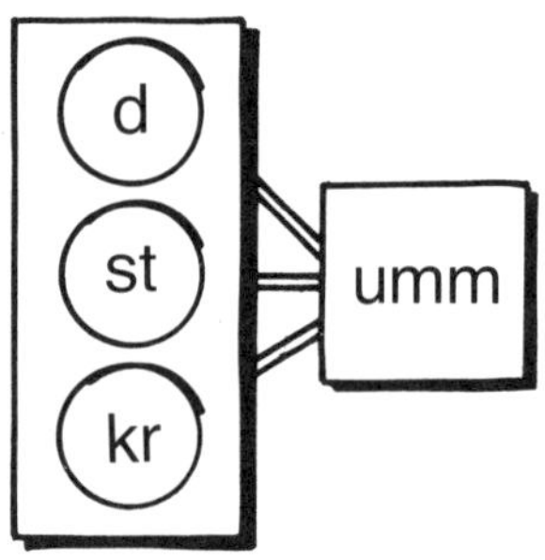

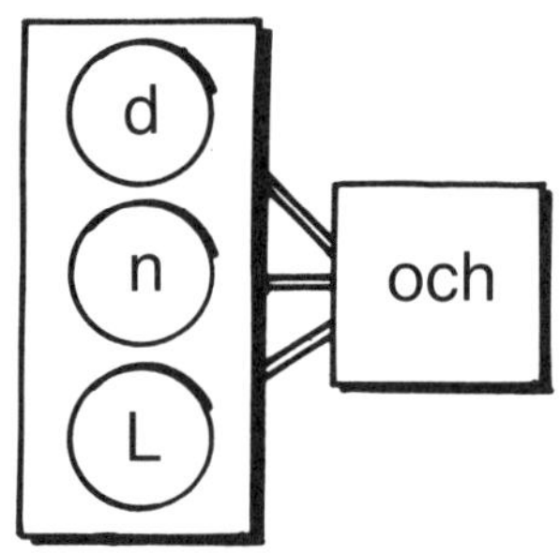

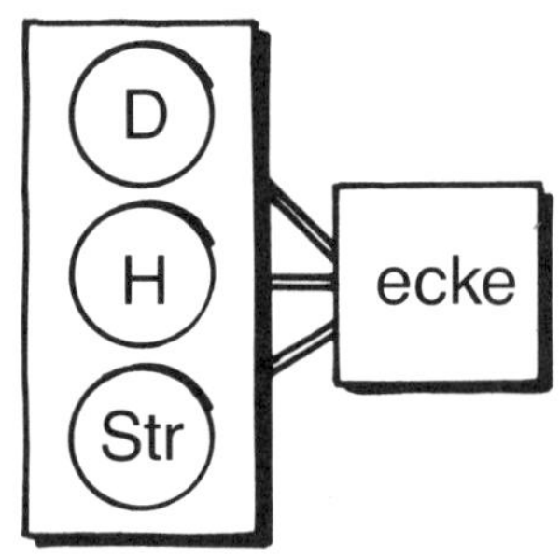

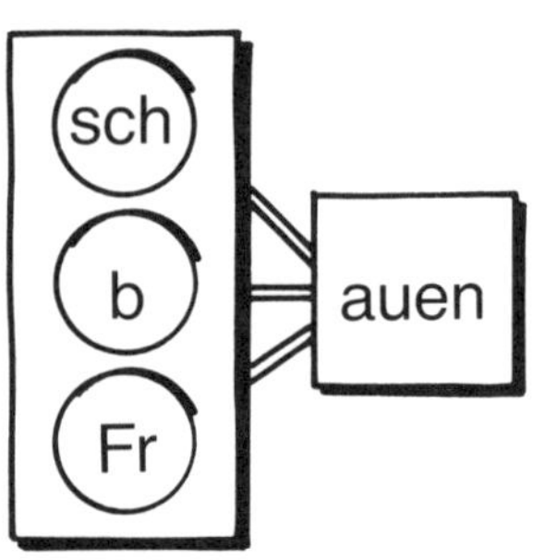

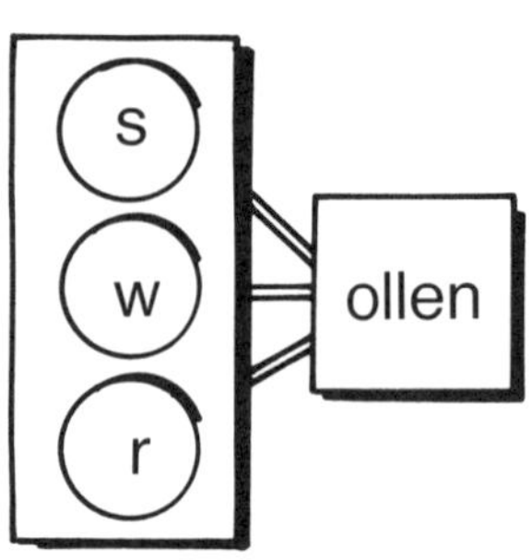

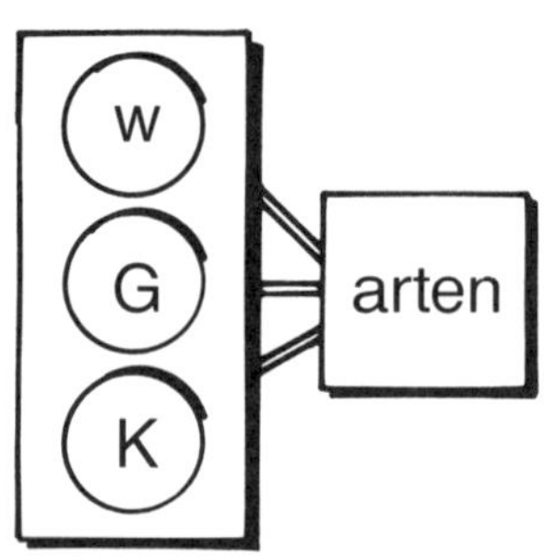

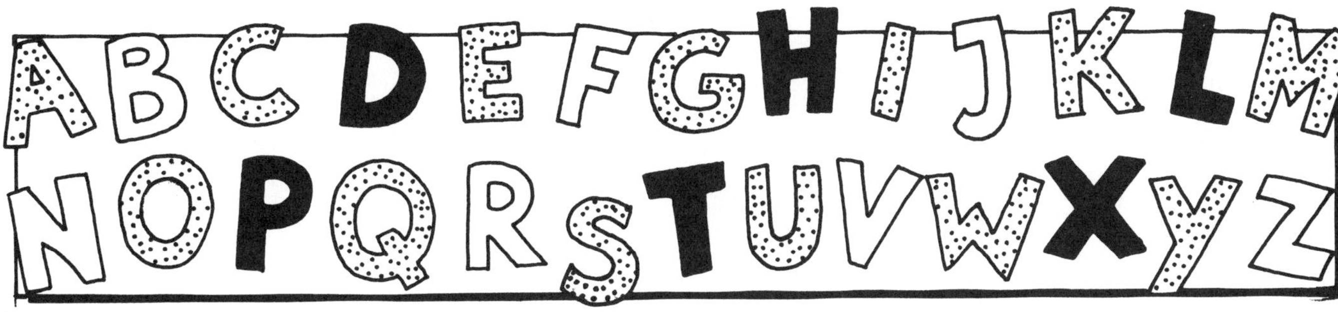

4. Ordne die Lernwörter nach dem Abc!
Schreibe zuerst 1, 2 oder 3 in die Kreise!
Schreibe die Wörter nach dem Abc geordnet daneben!

◯ Ampel 1 ____
◯ spät 2 ____
◯ grün 3 ____

◯ an 1 ____
◯ warten 2 ____
◯ Ecke 3 ____

◯ weit 1 ____
◯ Ampel 2 ____
◯ so 3 ____

◯ rechts 1 ____
◯ links 2 ____
◯ gefährlich 3 ____

◯ Ecke 1 ____
◯ bis 2 ____
◯ weg 3 ____

◯ Zeit 1 ____
◯ schauen 2 ____
◯ gefährlich 3 ____

Hier kommt es auf den zweiten Buchstaben an:

◯ doch 1 ____
◯ das 2 ____
◯ dumm 3 ____

◯ spät 1 ____
◯ sollen 2 ____
◯ schauen 3 ____

5. Wortfamilie **fahren**

Hier fehlen die Wortbausteine **fahr** oder **fähr**, **Fahr** oder **Föhr**.

Setze sie richtig ein!

______ en	______ karte	Ge ______
an ______ en	______ rad	______ e
weg ______ en	______ zeit	______ er
ge ______ lich	______ bahn	______ t
über ______ en	______ schule	Aus ______ t

Schreibe nun die Wörter ab!

Die Nomen (Namenwörter) schreibst du mit Artikel (Begleiter) auf.

Du kannst dir die Wörter auch diktieren lassen.

____

____

____

____

____

Schreibe mit einigen Wörtern Sätze in dein Heft!

Kaspersätze

1 2
Petra gehen und Schule Uwe zur.
Es spät schon ist.
Schnell Ecke zur laufen sie.
Zu dumm! Die rot wird gerade Ampel.
Die nach Kinder schauen links rechts und.
Ganz weg sehen weit Auto ein sie.
Sollen schnell die Straße laufen über sie?
Doch sagt Uwe: „Das gefährlich ist zu.
Wir warten, ist grün bis Ampel die.
So viel wir haben Zeit.“

6. Nummeriere zuerst die Wörter in jedem Satz!
Schreibe dann die Sätze richtig auf!

Herbst

Bald fängt der Herbst an.
Die Bäume bekommen bunte Blätter.
Endlich sind die Äpfel, Birnen und Nüsse reif.
Die Kinder freuen sich.
Nun können sie ihre Drachen steigen lassen.
Sie sammeln Kastanien und basteln lustige Tiere.
Aber der Herbst bringt auch oft Regen und Sturm.
Die Tage werden kürzer und es wird kälter.
Viele Vögel fliegen in den warmen Süden.

neue Lernwörter

	Drachen	kürzer	sammeln
aber	endlich	lassen	sind
basteln	fängt	lustig	steigen
bekommen	fliegen	Nüsse	Sturm
Birnen	Herbst	Regen	Süden
bunt	Kastanien	reif	Tage

alte Lernwörter

an	bringt	ihre	oft	Vögel
Äpfel	den	in	sich	warm
auch	der	kälter	sie	werden
bald	die	Kinder	Tiere	wird
Bäume	es	können	und	
Blätter	freuen	nun	viele	

1. Unterstreiche im Text die neuen Lernwörter rot,
die alten Lernwörter grün!

2. Partnerdiktat: Diktiert euch die alten Lernwörter!

3. Welche Wörter verstecken sich in den Birnen?
Schreibe sie auf!

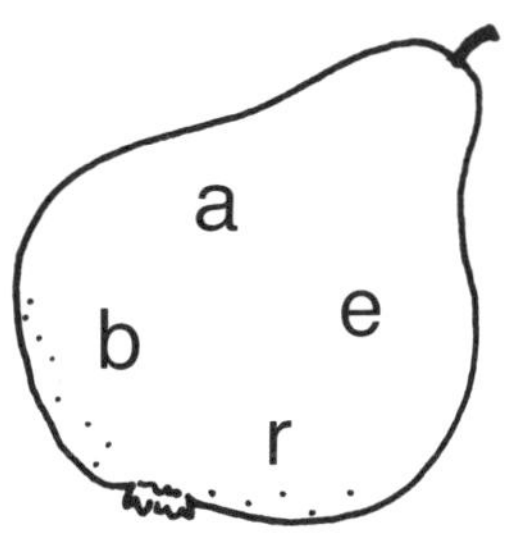

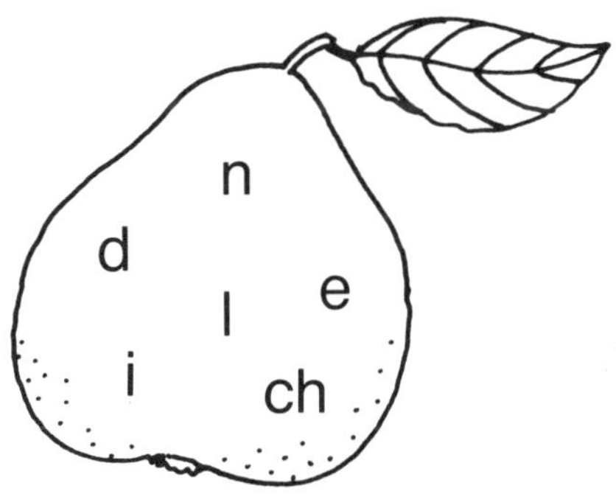

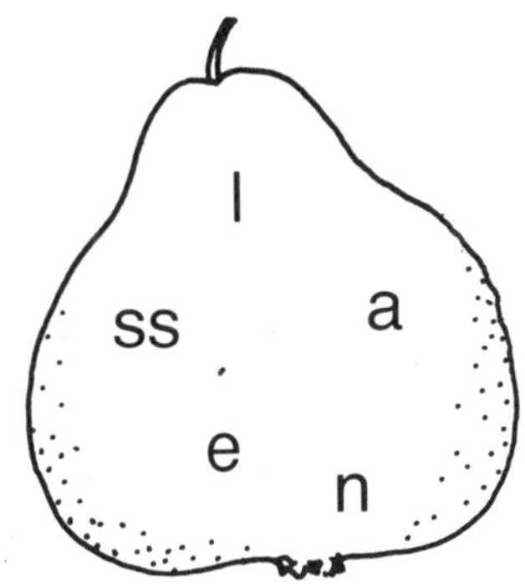

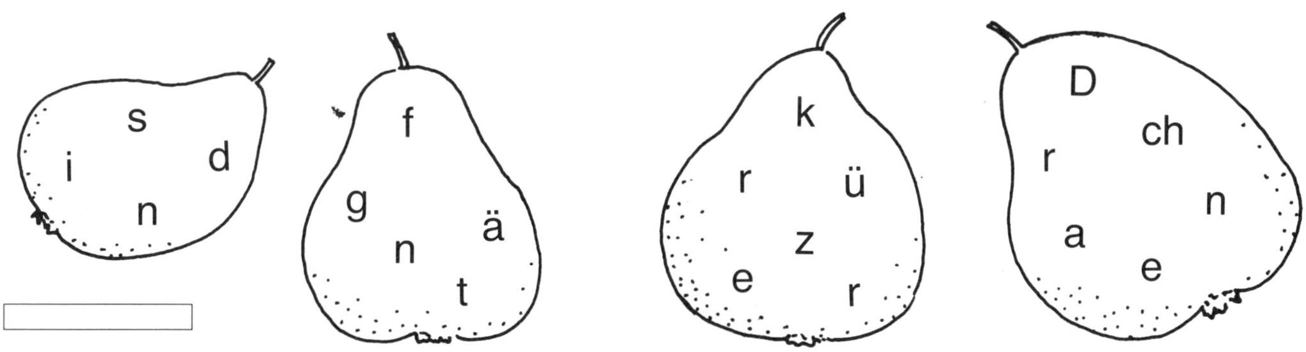

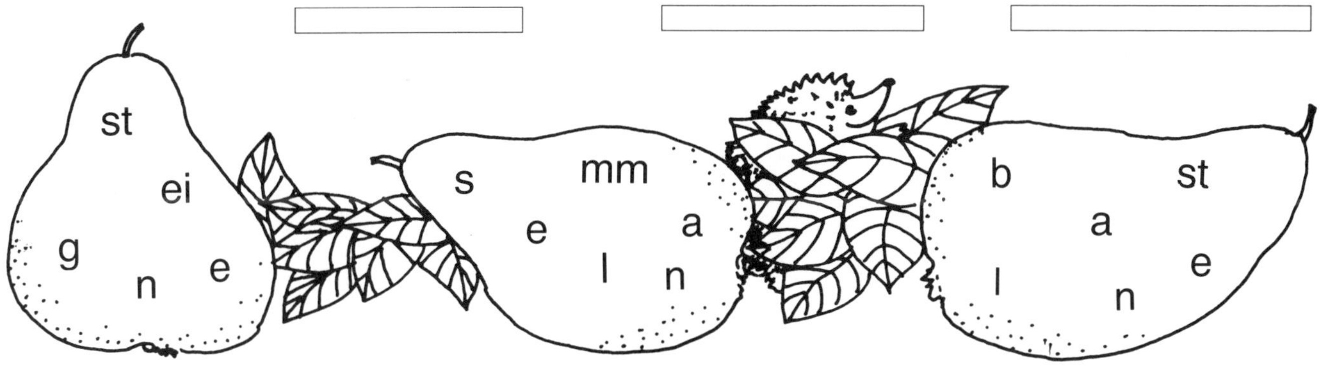

4. Im Text findest du 15 verschiedene Nomen (Namenwörter).
Schreibe sie mit Artikel (Begleiter) auf!

5. Geheimschrift! Schreibe die Wörter darunter!

Sonderangebot!

Schreibe für deinen Partner Lernwörter in Geheimschrift auf!

6. Nomen (Namenwörter) — Verben (Zeitwörter) — Adjektive (Wiewörter)
Unterstreiche Wörter einer Wortart in der gleichen Farbe!
Ordne die Wörter in die Tabelle ein!

sammeln | Herbst | Kastanien
bekommen | lustig | fliegen
Nüsse | basteln | lassen
Regen | warm | bunt
kalt | Sturm | Birnen
steigen | reif | kurz

Nomen (Namenwörter)	Verben (Zeitwörter)	Adjektive (Wiewörter)
der		
der		
der		
die		
die		
die		

7. Hier gehören immer zwei Adjektive (Wiewörter) zusammen.
Kreise sie mit der gleichen Farbe ein!

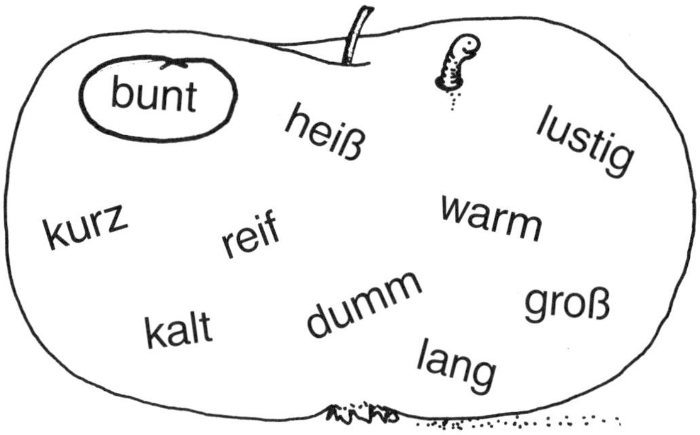

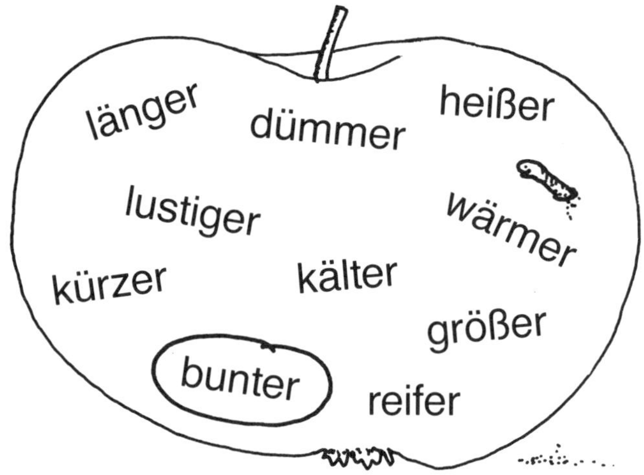

Schreibe die Wörter so auf: **bunt – bunter**.

8. In dem Buchstabengitter verstecken sich
13 Wörter aus der Geschichte. Schreibe sie auf!

A	F	Z	F	G	O	K	X	D	S
B	U	R	L	Y	G	I	H	R	E
S	T	E	I	G	E	N	R	A	O
C	D	Z	E	M	F	D	R	C	K
S	V	Ö	G	E	L	E	S	H	L
H	I	K	E	V	A	R	Q	E	P
B	E	W	N	R	S	T	G	N	S
S	L	X	V	T	S	Ü	D	E	N
D	E	N	P	K	E	Z	I	N	G
W	A	R	M	E	N	K	E	F	K

Sonderangebot!

Mit den Wörtern kannst du
zwei Sätze bilden. Schreibe sie auf!

9. Kannst du den Text richtig aufschreiben?

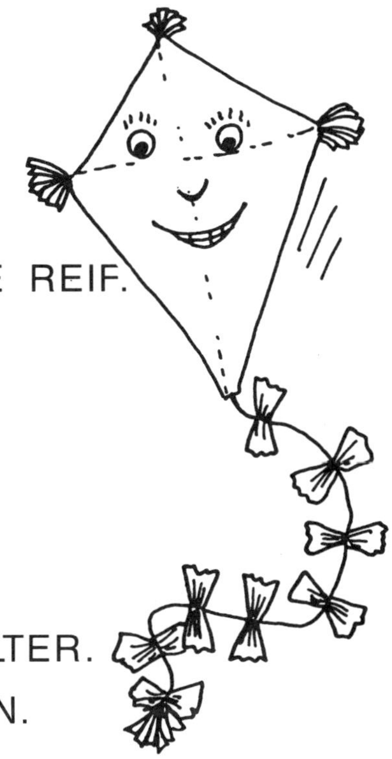

HERBST
BALD FÄNGT DER HERBST AN.
DIE BÄUME BEKOMMEN BUNTE BLÄTTER.
ENDLICH SIND DIE ÄPFEL, BIRNEN UND NÜSSE REIF.
DIE KINDER FREUEN SICH. NUN KÖNNEN SIE
IHRE DRACHEN STEIGEN LASSEN.
SIE SAMMELN KASTANIEN UND BASTELN
LUSTIGE TIERE. ABER DER HERBST
BRINGT AUCH OFT REGEN UND STURM.
DIE TAGE WERDEN KÜRZER UND ES WIRD KÄLTER.
VIELE VÖGEL FLIEGEN IN DEN WARMEN SÜDEN.

Petras Geburtstag

Heute hat Petra Geburtstag.
Sie wird neun Jahre alt.
Vater und Mutter nehmen sie in die Arme
und wünschen ihr viel Glück.
Als Petra ihr Geschenk sieht, kann sie es
kaum glauben: Da steht ein neues Fahrrad!
Voller Freude fällt sie ihren Eltern um den Hals.
Am Nachmittag will Petra mit ihren Freunden feiern.
Sie hat sich schon viele lustige Spiele überlegt.

neue Lernwörter

als	Freude	kaum	Spiele
alt	Geburtstag	Nachmittag	steht
Arme	Geschenk	nehmen	überlegt
Fahrrad	glauben	neu	Vater
fällt	Glück	neun	voll
feiern	Jahre	sieht	

alte Lernwörter

am	es	ihren	schon	will
da	Freund	in	sich	wird
den	Hals	kann	sie	wünschen
die	hat	lustig	um	
ein	heute	mit	und	
Eltern	ihr	Mutter	viele	

1. Unterstreiche im Text die neuen Lernwörter rot, die alten Lernwörter grün!

2. Partnerdiktat: Diktiert euch die alten Lernwörter!

3. Wie heißen die Reimwörter?

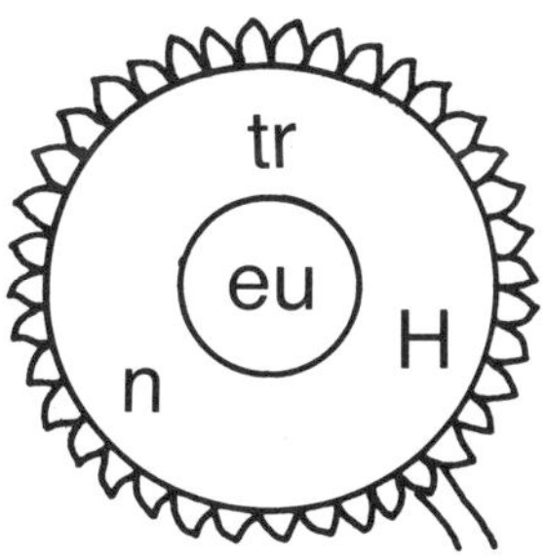

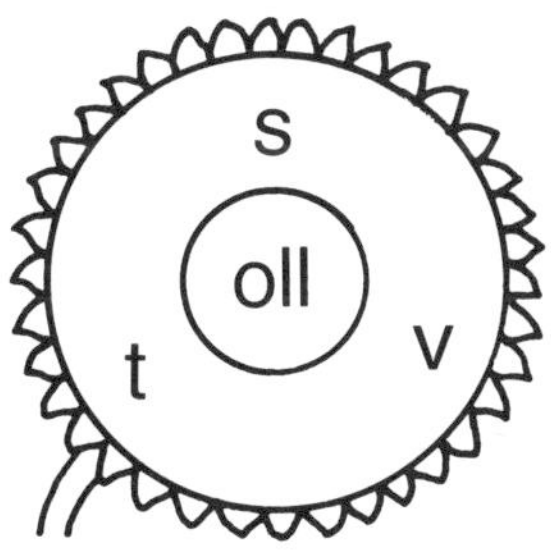

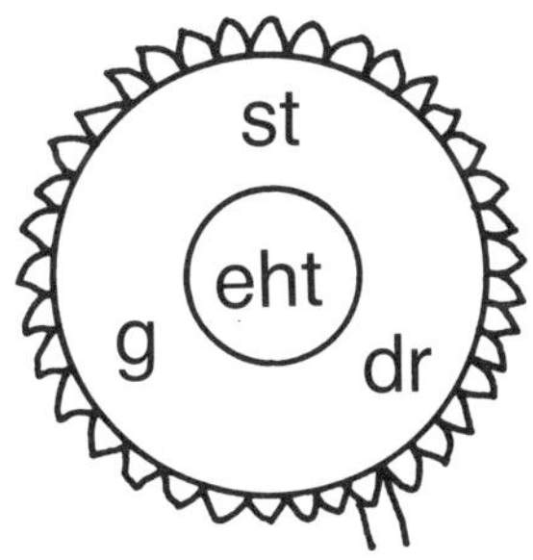

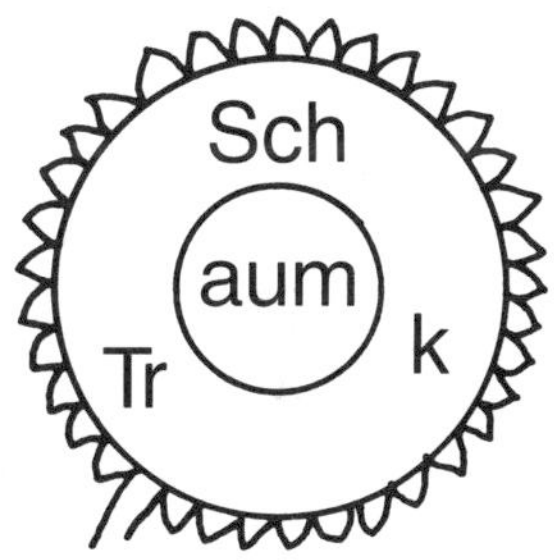

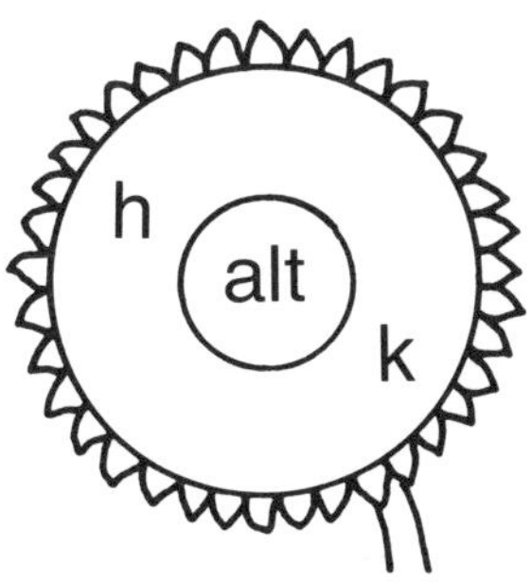

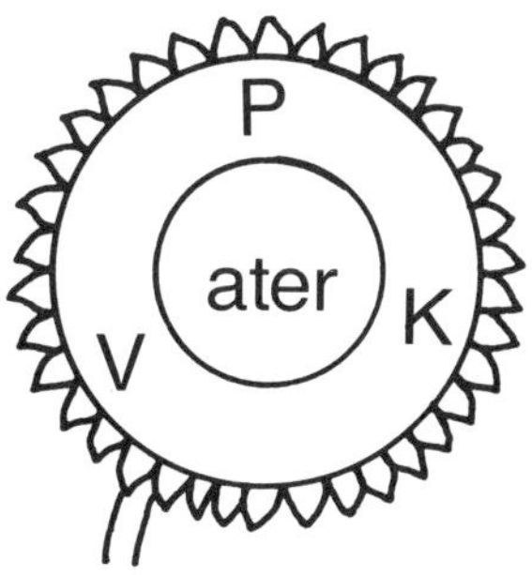

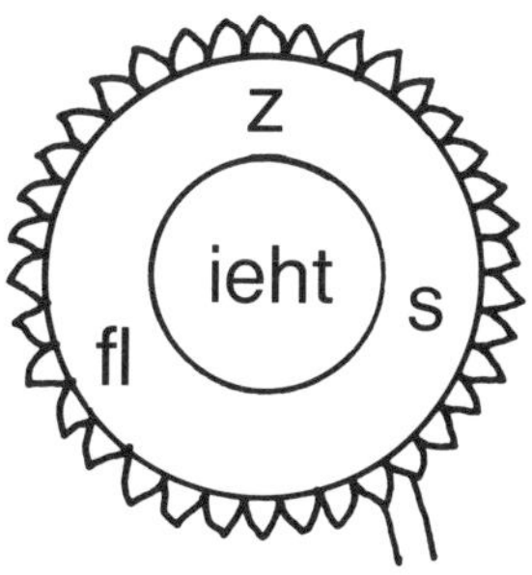

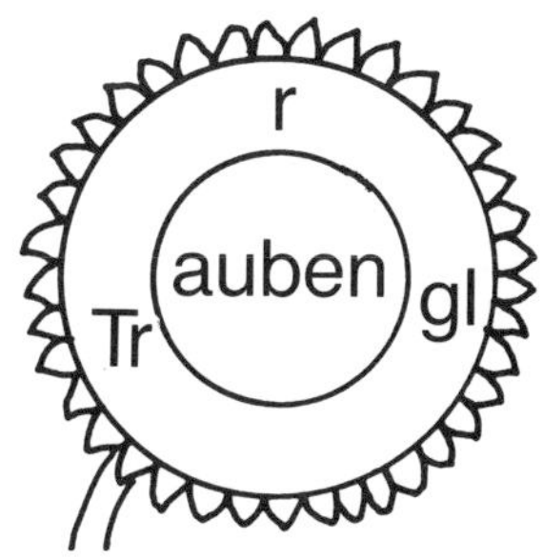

Sonderangebot!

Kannst du Unsinnsätze reimen?
Schreibe sie in dein Heft!

4. Ordne die Lernwörter nach dem Abc!
Schreibe zuerst 1, 2, 3 oder 4 in die Kreise!
Schreibe die Wörter nach dem Abc geordnet daneben!

◯	als	1 ______	◯	sieht	1 ______
◯	kaum	2 ______	◯	Nachmittag	2 ______
◯	Hals	3 ______	◯	Geburtstag	3 ______
◯	neu	4 ______	◯	als	4 ______

◯	voll	1 ______	◯	Arme	1 ______
◯	kaum	2 ______	◯	Glück	2 ______
◯	neun	3 ______	◯	nehmen	3 ______
◯	alt	4 ______	◯	fällt	4 ______

◯	ihr	1 ______	◯	überlegt	1 ______
◯	schon	2 ______	◯	glauben	2 ______
◯	viele	3 ______	◯	steht	3 ______
◯	lustig	4 ______	◯	fällt	4 ______

Hier kommt es auf den zweiten Buchstaben an:

◯	steht	1 ______	◯	feiern	1 ______
◯	sieht	2 ______	◯	Fahrrad	2 ______
◯	Spiel	3 ______	◯	Freude	3 ______

5. Im Text findest du 14 verschiedene Nomen (Namenwörter).
Schreibe sie mit Artikel (Begleiter) auf!

6. Immer zwei Wörter gehören zur gleichen Wortfamilie.
Kreise sie mit der gleichen Farbe ein!

Spiel	jährlich	freuen	Geschenk
Wunsch	glücklich	Tag	spielen
Freude	schenken	wünschen	feiern
Jahr	Feier	Lust	Glück
täglich	Fahrrad	lustig	gefährlich

Schreibe die Paare so auf: **Spiel – spielen**, . . .

7. Silbenrätsel! Hier verstecken sich 15 Wörter.
Verbinde die Wortteile, die zusammengehören!
Schreibe die Wörter auf!

Fahr wün de Ge schenk mit Jah

neh Freu schen te glau Nach le ter

Va ben

fei rad ern burts Spie legt tag

Ar

men heu Ge me tag über re

8. Witzsätze
Vergiss die Punkte nicht!

Petras neun
wird
Vater heute Jahre alt

Die am
Eltern in Nachmittag
nehmen Arme
das Geschenk die

Das fällt um neue
Fahrrad Freude voller

9. Selbstdiktat

1. Lies den Satz gut durch!
2. Decke den Satz ab!
3. Schreibe den Satz auswendig auf!
4. Vergleiche mit der Vorlage!
5. Verbessere deine Fehler!

Heute hat Petra Geburtstag.

Sie wird neun Jahre alt.

Vater und Mutter wünschen ihr viel Glück.

Die Eltern nehmen sie in die Arme.

Dann sieht Petra ihr Geschenk.

Sie kann es kaum glauben:

Da steht ein neues Fahrrad!

Petra fällt den Eltern um den Hals.

Am Nachmittag feiern die Freunde.

Petra hat sich viele lustige Spiele überlegt.

Angst

Klaus war am Abend allein zu Haus.
Er durfte noch einen Film gucken.
Dann ging er ins Bett.
Mitten in der Nacht wurde er wach.
War dort jemand an der Tür?
Klaus musste an den Dieb aus dem Film denken.
Er zog sich die Decke über den Kopf.
Sprach da draußen nicht jemand?
Endlich erkannte er die Stimmen seiner Eltern.
Glücklich lief er zu ihnen hin.

neue **Lernwörter**

	dort	hin	seinen
	durfte	ihnen	sprach
allein	erkannte	ins	Stimmen
Angst	Film	jemand	Tür
Decke	ging	lief	wach
denken	glücklich	mitten	wurde
Dieb	gucken	musste	zog

alte **Lernwörter**

Abend	da	die	er	nicht	war
am	dann	draußen	Haus	noch	zu
an	dem	einen	in	sich	
aus	den	Eltern	Kopf	über	
Bett	der	endlich	Nacht	von	

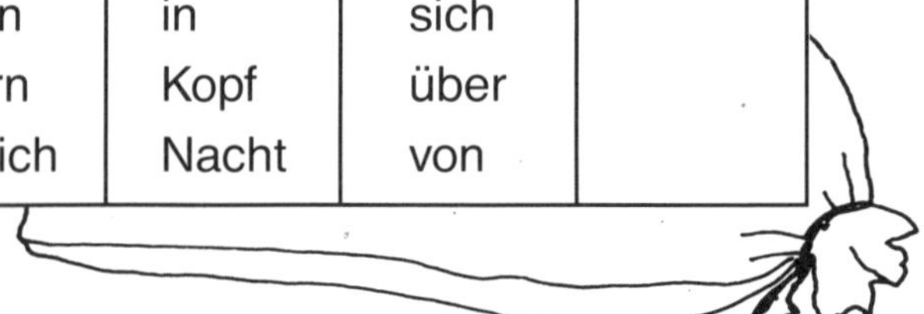

1. Unterstreiche im Text die neuen Lernwörter rot, die alten Lernwörter grün!

2. Partnerdiktat: Diktiert euch die alten Lernwörter!

3. Geheimschrift! Schreibe die Wörter darunter!

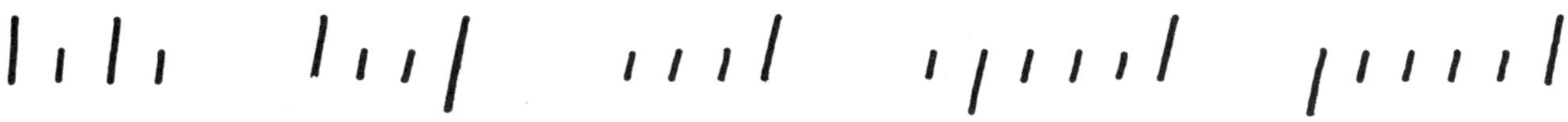

4. Im Text findest du 12 verschiedene Nomen (Namenwörter). Schreibe sie mit Artikel (Begleiter) auf!

5. Welche Reimwörter gehören zusammen?
Schreibe sie auf und streiche weg: **wach – Dach**, ...

~~wach~~	musste	lief	zog	hin	Decke
Stimmen	dort	lieb	Tür	klein	
mitten	Dieb	~~Dach~~	fort	schwimmen	
allein	erkannte	für	log	spucken	
seinen	bitten	gucken	bin	rief	meinen
denken	wusste	Hecke	rannte	lenken	

6.

Schaue auf den Seiten 1, 6, 12 nach!
Welche Lernwörter kannst du noch nicht sicher schreiben?
Schreibe sie in dein Heft!

Schreibe zu den folgenden Wörtern Reimwörter auf!
Benutze die Wörterliste oder ein Wörterbuch!
sollen, gehen, Mund, Tee, lacht, Maus, viele, leise, Arm, hier

7. Hier stehen Verben (Zeitwörter) in verschiedenen Formen.
Immer drei Verben (Zeitwörter) gehören zusammen.
Ordne sie in die Tabelle ein!

dürfen · er wurde · er läuft · er spricht
erkennen · er darf · er musste
er muss · gehen · er sprach · er ging
er erkennt · laufen · er zieht
er wird · er zog · müssen · er durfte
ziehen · er geht · sprechen
er ist · sein · er lief · werden
er war · er erkannte

Grundform	Gegenwart	Vergangenheit

8. Lustige Schlangensätze
Schreibe sie richtig auf!

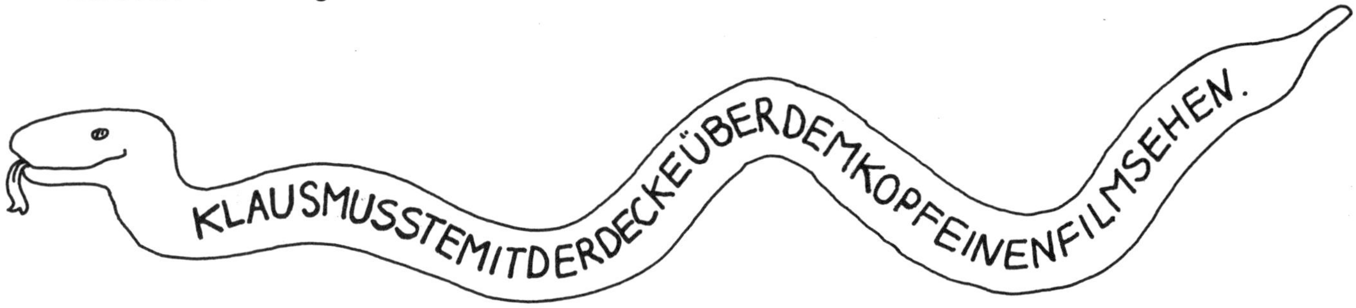

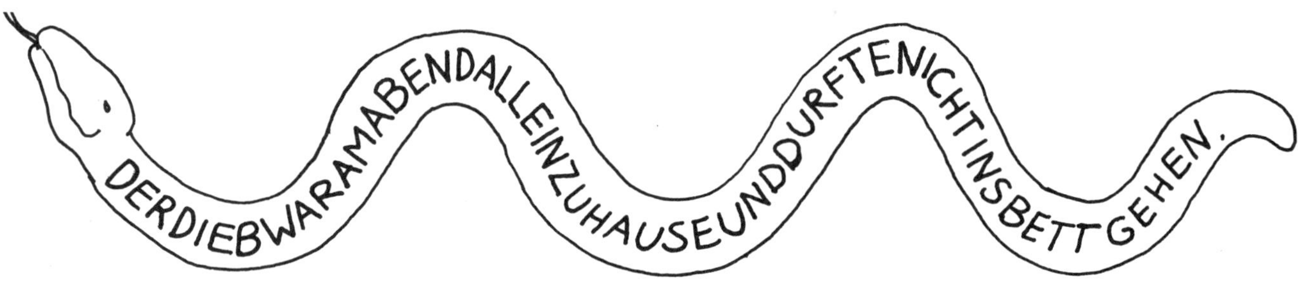

9. Kannst du die Bandwurmsätze richtig aufschreiben?
Kennzeichne zuerst die Wortgrenzen!

Angst
Klauswaramabendalleinzuhaus.
Erdurftenocheinenfilmgucken.
Danngingerinsbett.
Mitteninderrnachtwurdeerwach.
Wardortjemandandertür?
Klausmussteandendiebausdemfilmdenken.
Erzogsichdiedeckeüberdenkopf.
Sprachdadraußennichtjemand?
Endlicherkannteerdiestimmenseinereltern.
Glücklichlieferzuihnenhin.

Kasper und die Hexe

Kasper ist wütend. Immer will die böse Hexe
ihn fangen um ihn zu verzaubern.
Er verkleidet sich als gefährlicher Räuber.
Leise versteckt er sich neben ihrem Haus im Wald.
Dann brüllt er wie ein wildes Tier.
Vorsichtig kommt die Hexe an die Tür.
Jetzt springt der wilde Räuber mit einem Satz
auf sie zu. Die Kinder machen dazu
ein lautes Geschrei. Vor Schreck rennt die Hexe
in ihr Haus zurück.

neue **Lernwörter**

	Geschrei	rennt	vor
	Hexe	Satz	vorsichtig
	immer	Schreck	Wald
böse	Kasper	springt	wie
brüllt	kommt	verkleidet	wild
dazu	neben	versteckt	wütend
fangen	Räuber	verzaubern	zurück

alte **Lernwörter**

als	ein	ihr	Kinder	sie	zu
an	einem	ihrem	laut	Tier	
auf	er	im	leise	Tür	
dann	gefährlich	in	machen	um	
der	Haus	ist	mit	und	
die	ihn	jetzt	sich	will	

1. Unterstreiche im Text die neuen Lernwörter rot,
die alten Lernwörter grün!

2. Partnerdiktat: Diktiert euch die alten Lernwörter!

3. Ordne die Lernwörter nach dem Abc!
Schreibe zuerst 1, 2, 3, 4 oder 5 in die Kreise!
Schreibe die Wörter nach dem Abc geordnet daneben!

◯ wie	1	◯ wild	1
◯ immer	2	◯ Schreck	2
◯ dazu	3	◯ böse	3
◯ vor	4	◯ Geschrei	4
◯ zurück	5	◯ Satz	5

◯ rennt	1	◯ wie	1
◯ springt	2	◯ wütend	2
◯ fangen	3	◯ zurück	3
◯ Kasper	4	◯ vor	4
◯ kommt	5	◯ Wald	5

Schreibe aus dem Text die Nomen (Namenwörter) heraus!
Ordne sie nach dem Abc!

4. Immer zwei Wörter gehören zur gleichen Wortfamilie.
Kreise sie mit der gleichen Farbe ein!

Räuber	brüllen	vorsichtig	Schreck	
verzaubern	Gefängnis	verkleiden		
Vorsicht	Geschrei	Zauberei	verhext	
Hexe	rauben	Wut	Kleid	fangen
Gebrüll	schrecklich	wütend	schreien	

Schreibe die Paare so auf: **Räuber – rauben**.

5. Verhexte Wörter

Schreibe die Wörter richtig auf!

6. Bilde Wörter mit den Vorsilben **ver** und **vor**!
Ordne die Wörter in die richtigen Säcke ein!

-suchen
-gestern
-singen
-sichtig
-kleiden
-schlagen
-haben
-lernen
-stecken
-zaubern
-laut

Sonderangebot!

Schreibe aus dem Wörterbuch noch mehr Wörter
mit **ver** und **vor** heraus!

7. In dem Buchstabengitter verstecken sich
10 Wörter. Schreibe sie auf!

B	R	M	L	N	M	T	V	M	W
C	Ä	X	D	E	R	C	F	V	L
G	U	C	Z	B	D	L	D	E	M
S	B	T	P	E	B	S	W	R	X
H	E	X	E	N	H	A	U	S	P
N	R	G	F	E	Q	K	A	T	V
S	B	T	S	W	I	L	D	E	B
I	M	C	R	A	O	F	L	C	I
C	J	H	V	L	G	O	M	K	W
H	P	U	A	D	S	H	E	T	R

Mit diesen Wörtern kannst du einen Satz bilden.

8. Nomen (Namenwörter) — Verben (Zeitwörter) — Adjektive (Wiewörter)
Unterstreiche Wörter einer Wortart in der gleichen Farbe!
Ordne die Wörter in die Tabelle ein!

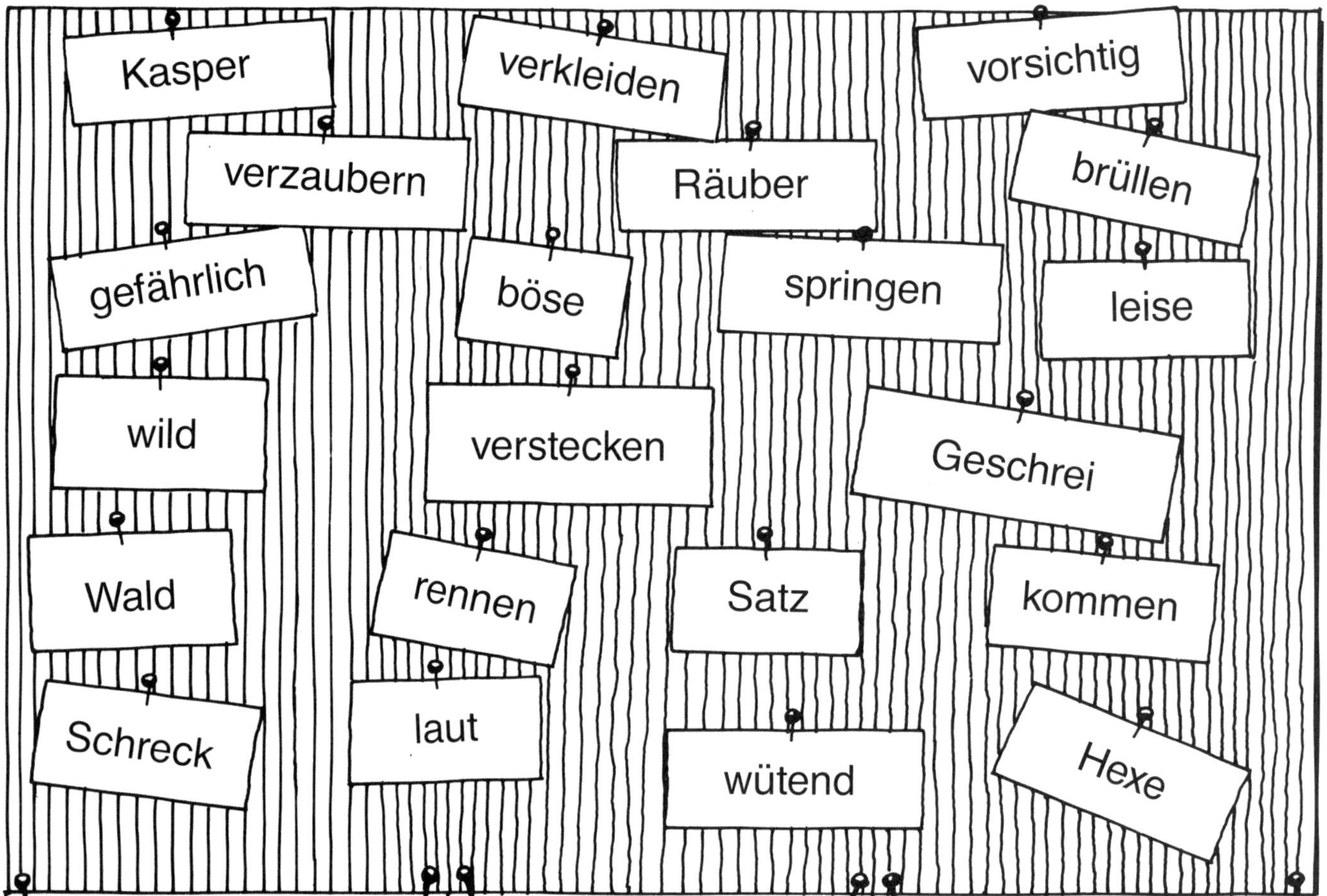

Nomen (Namenwörter)	Verben (Zeitwörter)	Adjektive (Wiewörter)
der ______	______	______
der ______	______	______
der ______	______	______
der ______	______	______
der ______	______	______
die ______	______	______
das ______	______	______

Kaspersätze

wütend ist[2] auf Kasper[1] böse die Hexe.
ihn sie Immer will fangen verzaubern und.
verkleidet als Er sich Räuber gefährlicher.
Leise sich neben versteckt er Haus ihrem.
wie Dann brüllt er ein Tier wildes.
Hexe Die vorsichtig kommt Tür an die.
der Jetzt Räuber springt mit Satz einem zu sie auf.
machen Kinder Die ein dazu lautes Geschrei.
Vor rennt die Schreck Hexe in zurück ihr Haus.

9. Nummeriere zuerst die Wörter in jedem Satz!
Schreibe dann die Sätze richtig auf!

Am Vogelnest

An einem warmen Tag im Frühling spielte Susi im Garten.
Da entdeckte sie in der Hecke ein Vogelnest.
Jetzt flog eine Amsel auf den Nestrand.
Sie hatte einen Wurm im Schnabel.
Fünf kleine Vögel rissen die Schnäbel weit auf.
Immer wieder flogen beide Vogeleltern fort
und holten Futter. Susi ging nun täglich zum Vogelnest.
Nach vierzehn Tagen war das Nest leer.
Jetzt konnten die jungen Vögel selbst für sich sorgen.

neue Lernwörter

	fort	jung	selbst
	fünf	konnten	sorgen
	für	leer	täglich
Amsel	Futter	Nest	vierzehn
beide	hatte	Nestrand	Vogelnest
entdeckte	Hecke	rissen	Wurm
flogen	holten	Schnabel	zum

alte Lernwörter

am	die	ging	nun	Vogeleltern
an	ein	im	sich	war
auf	eine	immer	sie	warm
da	einem	in	spielte	weit
das	einen	jetzt	Tag	wieder
den	Frühling	klein	und	
der	Garten	nach	Vögel	

1. Unterstreiche im Text die neuen Lernwörter rot, die alten Lernwörter grün!

2. Partnerdiktat: Diktiert euch die alten Lernwörter, die mehr als drei Buchstaben haben!

3. Wie heißen die Reimwörter?

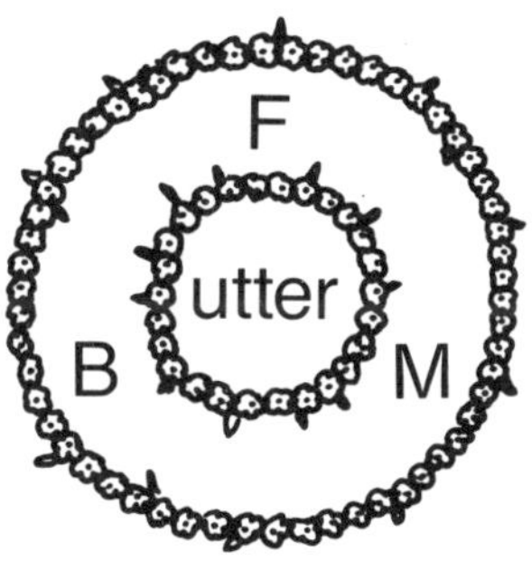

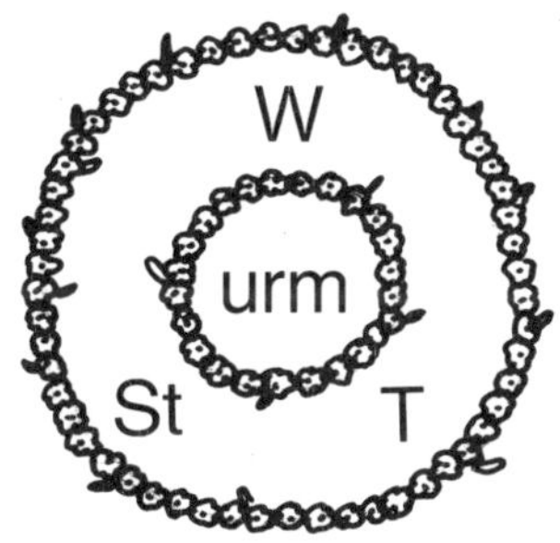

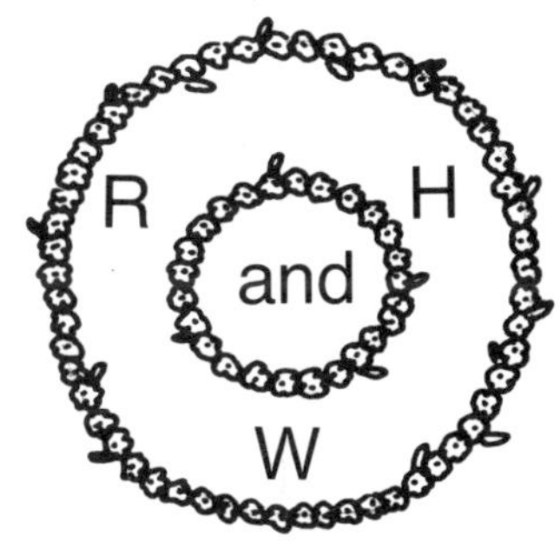

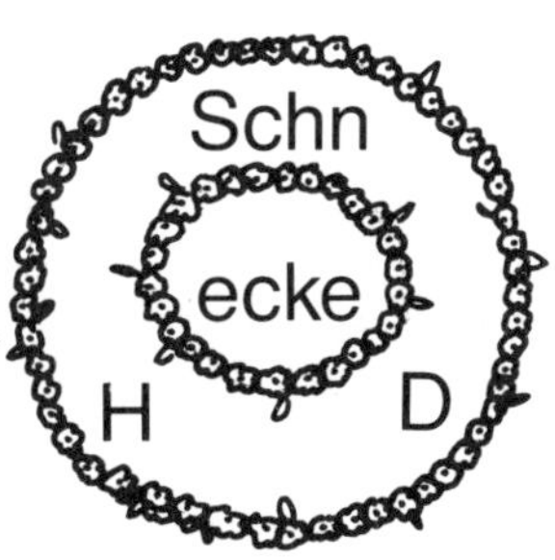

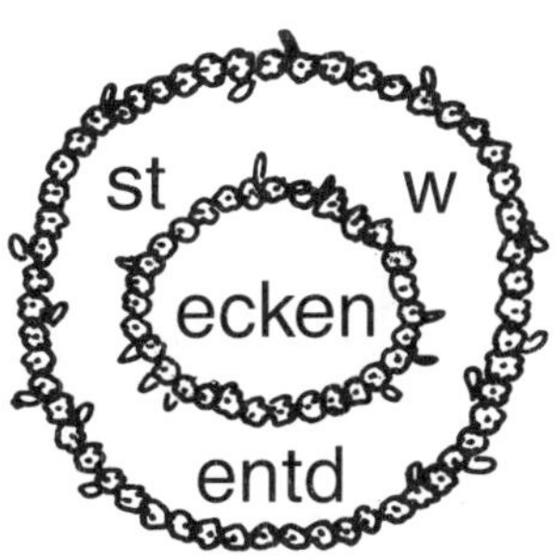

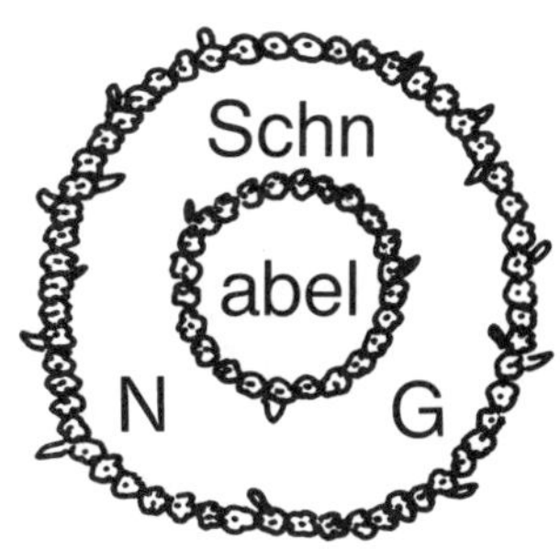

Kannst du Unsinnsätze reimen?
Schreibe sie in dein Heft!

4. Geheimschrift! Schreibe die Wörter darunter!

5. Welche Wörter verstecken sich in den Nestern? Schreibe sie auf!

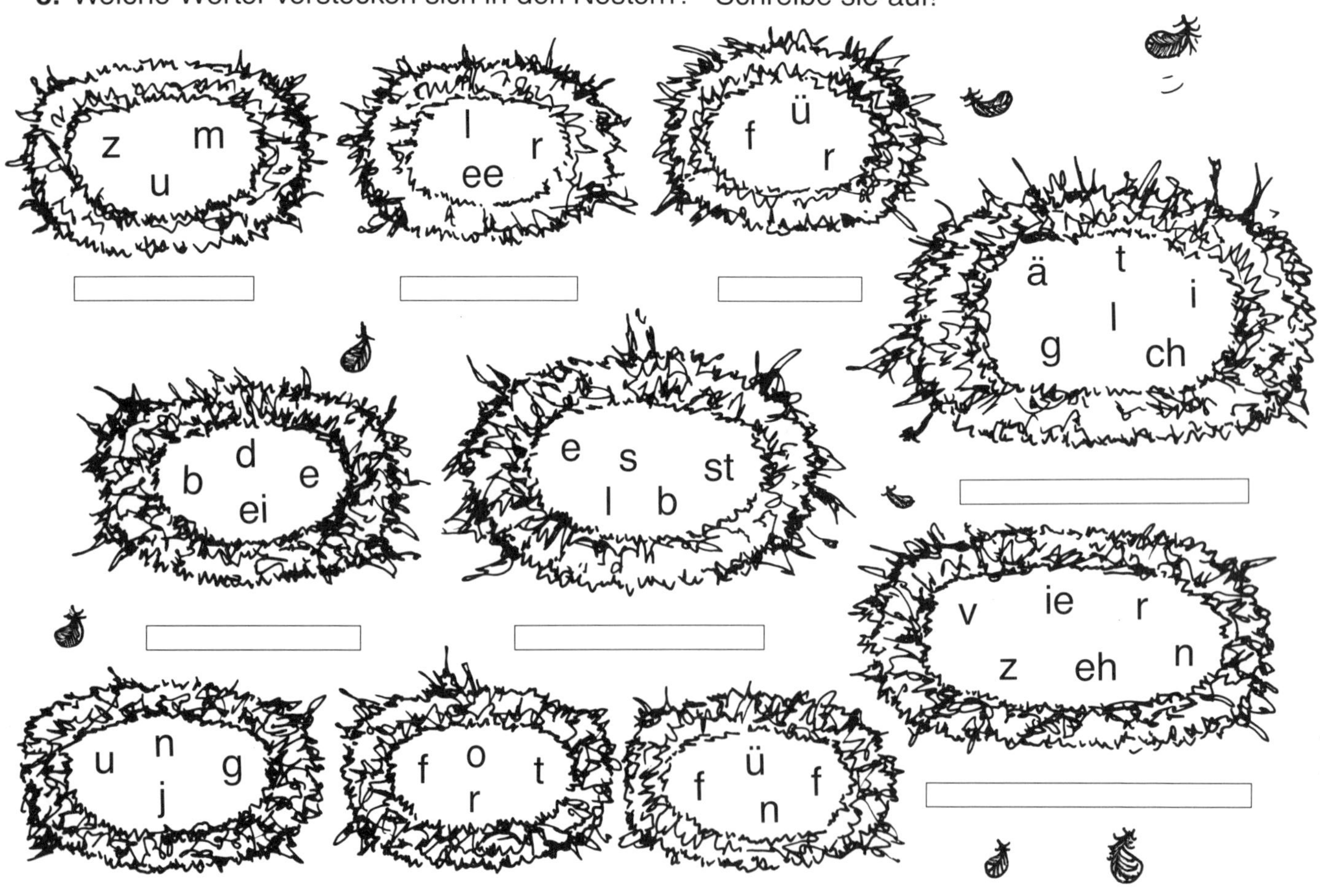

6. Im Text findest du 13 verschiedene Nomen (Namenwörter).
Schreibe sie mit Artikel (Begleiter) auf!

7. Bilde zusammengesetzte Nomen (Namenwörter)! Schreibe so: **das Vogelnest**, . . .

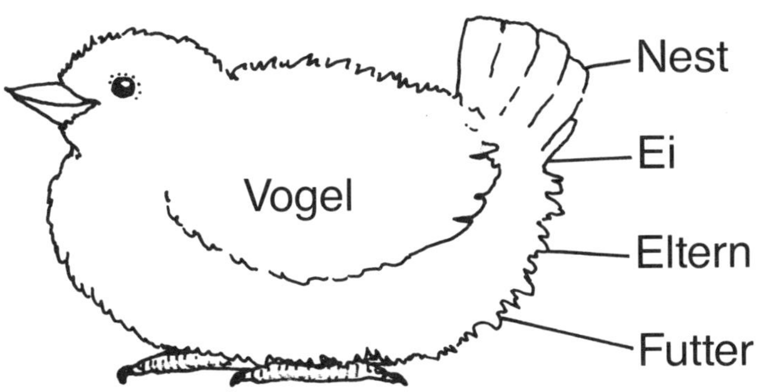

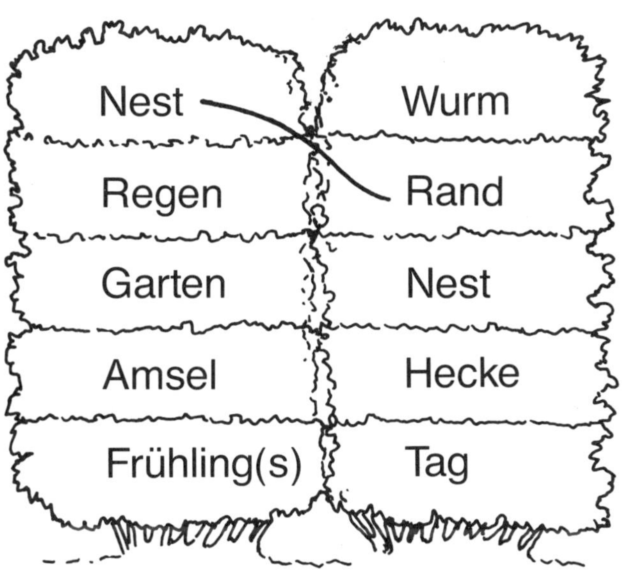

Sonderangebot!

Bilde mit Wörtern aus der Wörterliste
noch mehr zusammengesetzte Nomen (Namenwörter)!
Schreibe sie in dein Heft!

8. Hier stehen Verben (Zeitwörter) in verschiedenen Formen.
Immer drei Verben (Zeitwörter) gehören zusammen.
Ordne sie in die Tabelle ein!

entdecken — sie konnten — reißen
haben — sie geht — fliegen — sie flog
sie spielte — sie entdeckt — sie rissen
können — holen — sie hat — sie fliegt
sie spielt — sie reißen — sie entdeckte
gehen — sie hatte — spielen — sie ging
sie holen — es ist — sie können
sein — sie holten — es war

Grundform	Gegenwart	Vergangenheit

Sonderangebot!

Schreibe den Text „Am Vogelnest“ in der Gegenwart in dein Heft!

9. Kannst du den Text richtig aufschreiben?

AM VOGELNEST

AN EINEM WARMEN TAG IM FRÜHLING SPIELTE SUSI IM GARTEN.
DA ENTDECKTE SIE IN DER HECKE EIN VOGELNEST.
JETZT FLOG EINE AMSEL AUF DEN NESTRAND.
SIE HATTE EINEN WURM IM SCHNABEL.
FÜNF KLEINE VÖGEL RISSEN DIE SCHNÄBEL WEIT AUF.
IMMER WIEDER FLOGEN BEIDE VOGELELTERN FORT UND
HOLTEN FUTTER. SUSI GING NUN TÄGLICH ZUM VOGELNEST.
NACH VIERZEHN TAGEN WAR DAS NEST LEER. JETZT
KONNTEN DIE JUNGEN VÖGEL SELBST FÜR SICH SORGEN.

Große Hilfe

Es ist Sonntag. Die Eltern schlafen noch.
Leise steht Uwe auf, wäscht sich und zieht sich an.
Danach geht er in die Küche. Er holt Tassen und Teller
aus dem Schrank und deckt den Tisch.
Nun stellt er Butter, Brot, Marmelade
und Quark dazu.
Jetzt muss er nur noch Kaffee kochen.
Ob Vater und Mutter sich freuen werden?
Er weckt sie mit lauter Musik und ruft:
„Das Frühstück ist fertig!“

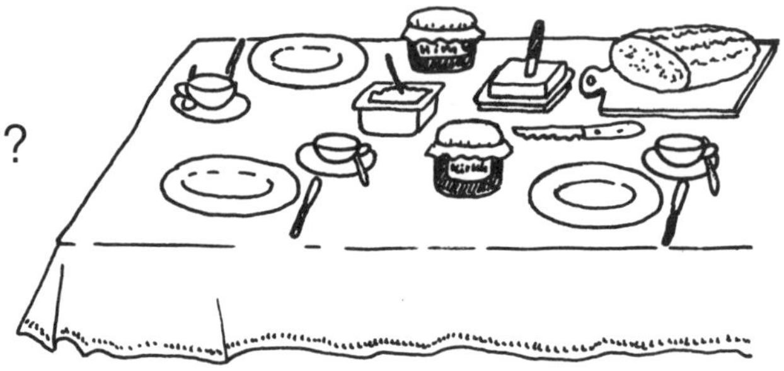

neue **Lernwörter**

Brot	Hilfe	ob	Tassen
Butter	Kaffee	Quark	Teller
danach	kochen	ruft	Tisch
deckt	Küche	Schrank	wäscht
fertig	Marmelade	Sonntag	weckt
Frühstück	Musik	stellt	zieht

alte

Lernwörter

an	die	holt	muss	sie
auf	Eltern	in	Mutter	steht
aus	er	ist	noch	und
das	es	jetzt	nun	Vater
dazu	freuen	laut	nur	werden
dem	geht	leise	schlafen	
den	groß	mit	sich	

1. Unterstreiche im Text die neuen Lernwörter rot, die alten Lernwörter grün!

2. Partnerdiktat: Diktiert euch die alten Lernwörter, die mehr als drei Buchstaben haben!

3. Ordne die Lernwörter nach dem Abc!
Schreibe zuerst 1, 2, 3 oder 4 in die Kreise!
Schreibe die Wörter nach dem Abc geordnet daneben!

○ Brot	1	○ Marmelade	1
○ ob	2	○ fertig	2
○ Butter	3	○ Musik	3
○ Quark	4	○ Frühstück	4

○ zieht	1	○ Sonntag	1
○ ob	2	○ danach	2
○ Teller	3	○ deckt	3
○ Tisch	4	○ Schrank	4

○ Tassen	1	○ wäscht	1
○ ruft	2	○ stellt	2
○ Küche	3	○ Quark	3
○ Kaffee	4	○ weckt	4

4. Im Text findest du 17 verschiedene Nomen (Namenwörter).
Schreibe sie mit Artikel (Begleiter) auf!

5. Hier gehören immer zwei Wörter zur gleichen Wortfamilie.
Kreise sie mit der gleichen Farbe ein!

Schreibe die Paare so auf: **Hilfe – helfen**, ...

Schlage die Wörter im Wörterbuch nach!
Findest du noch mehr Wörter zu diesen Wortfamilien?
Schreibe sie in dein Heft!

6. Hier gehören immer zwei Verben (Zeitwörter) zusammen.
Unterstreiche sie in der gleichen Farbe!

deckt	stellt	waschen	ruft
stehen	decken	weckt	wäscht
zieht	kocht	ziehen	steht
holt	geht	stellen	rufen
gehen	schlafen	kochen	holen
muss	wecken	müssen	schläft

Schreibe die Wörter so auf: **deckt – decken**.

7.

Schau auf den Seiten 18, 24, 30 nach!
Welche Lernwörter kannst du noch nicht sicher schreiben? Schreibe sie in dein Heft!

Schreibe mit den folgenden Wörtern zusammengesetzte Nomen (Namenwörter) auf!
Benutze die Wörterliste oder ein Wörterbuch!
Brot / Butter / Frühstück / Kaffee /
Küche / Marmelade / Musik / Quark /
Schrank / Tasse / Teller / Tisch

8. Silbenrätsel! Hier verstecken sich 15 Wörter.
Verbinde die Wortteile, die zusammengehören!
Schreibe die Wörter auf!

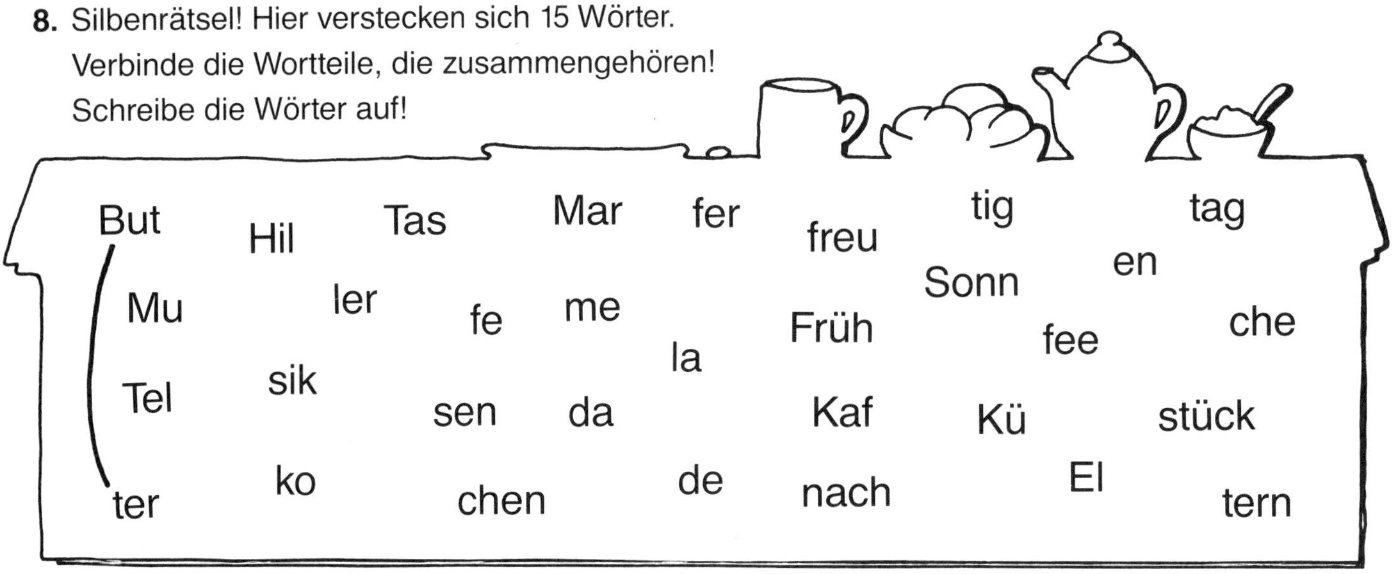

9. Schreibe die Schlangensätze richtig auf!

10. Selbstdiktat

1. Lies den Satz gut durch!
2. Decke den Satz ab!
3. Schreibe den Satz auswendig auf!
4. Vergleiche mit der Vorlage!
5. Verbessere deine Fehler!

Uwe steht am Sonntag leise auf.

Vater und Mutter schlafen noch.

Uwe wäscht sich und zieht sich an.

In der Küche deckt er den Tisch.

Er holt Tassen, Teller, Butter und Brot.

Nun stellt er Marmelade und Quark dazu.

Danach muss er noch Kaffee kochen.

Ob seine Eltern sich freuen werden?

Uwe weckt sie mit lauter Musik.

Er ruft: „Das Frühstück ist fertig!“

Im Zoo

Gestern machte die Klasse mit ihrer Lehrerin einen Ausflug in den Zoo. Bei den Elefanten staunten die Kinder, wie viel diese Tiere täglich fressen. Aufmerksam guckten die Schüler zu, wie der Wärter die Seelöwen fütterte. Ein Seelöwe versuchte immer wieder sich einen Fisch aus dem Eimer zu holen. Am lustigsten waren die Affen. Sie turnten im Käfig herum, spielten zusammen und ärgerten sich manchmal. Zum Schluss durften die Kinder noch ein bisschen auf den Spielplatz gehen.

neue Lernwörter

	diese	Käfig	Spielplatz
Affen	Eimer	Lehrerin	staunten
ärgerten	Elefanten	(am) lustigsten	turnten
aufmerksam	Fisch	manchmal	versuchte
Ausflug	fressen	Schluss	Wärter
bei	fütterte	Schüler	viel
bisschen	herum	Seelöwen	Zoo

alte Lernwörter

am	durften	ihrer	mit	und
auf	ein	im	noch	waren
aus	einen	immer	sich	wie
dem	gehen	in	sie	wieder
den	gestern	Kinder	spielten	zu
der	guckten	Klasse	täglich	zum
die	holen	machte	Tiere	zusammen

1. Unterstreiche im Text die neuen Lernwörter rot, die alten Lernwörter grün!

2. Partnerdiktat: Diktiert euch die alten Lernwörter, die mehr als drei Buchstaben haben!

3. Geheimschrift!
Schreibe die Wörter darunter!

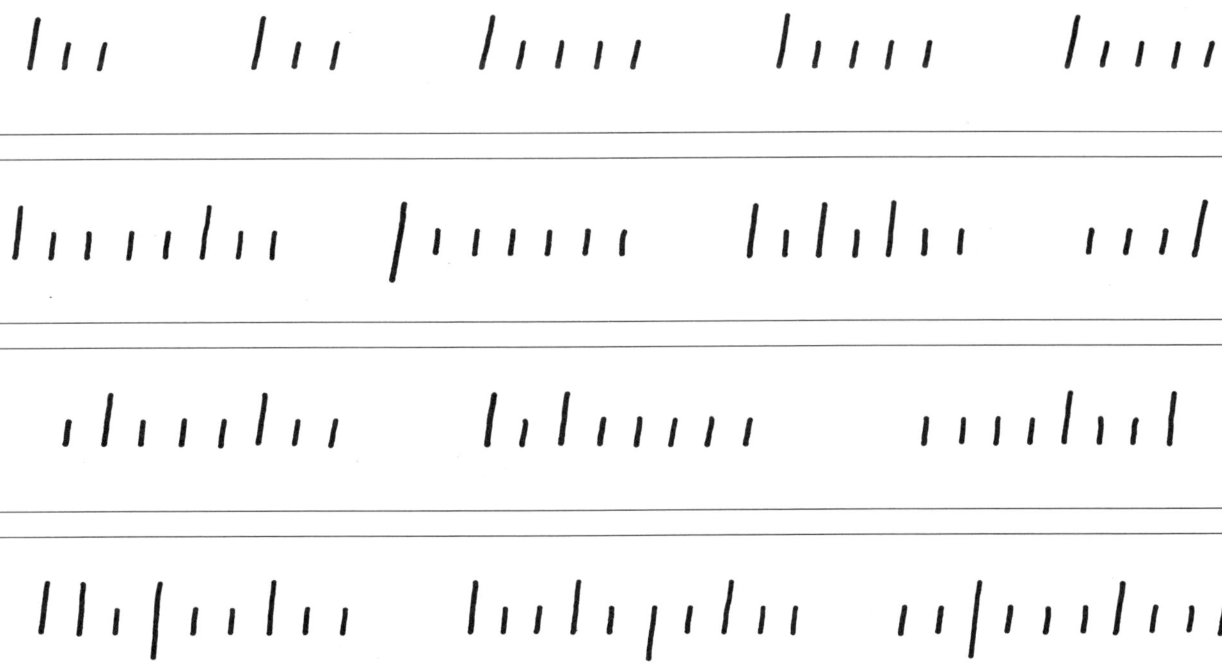

4. Im Text findest du verwandte Wörter. Ergänze sie!

Ärger ____

Futter ____

merken ____

Flugzeug ____

schließen ____

spielen ____

Turnhose ____

warten ____

5. Welche Wörter verstecken sich in den Fischen?

o Schreibe sie auf!

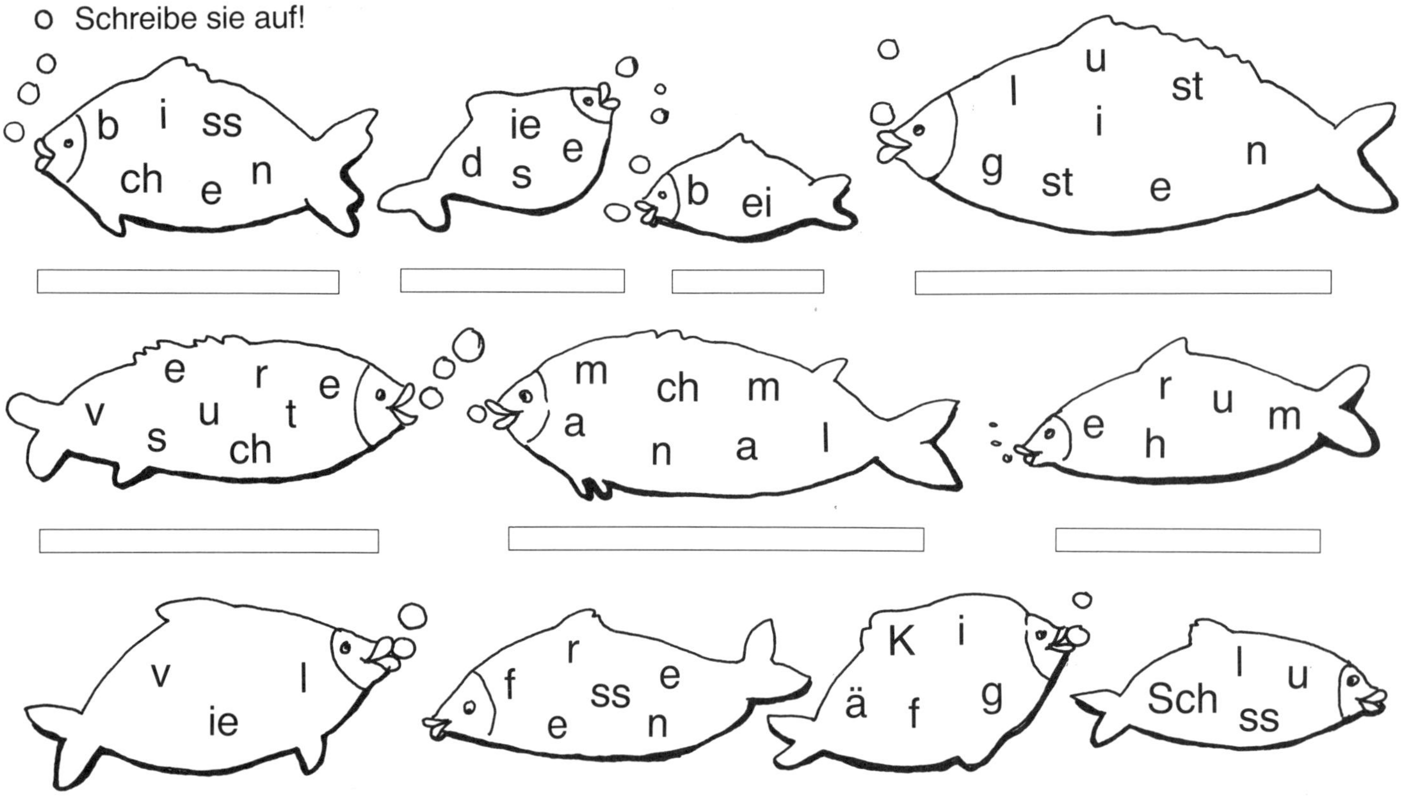

6. In dem Buchstabengitter verstecken sich 12 Nomen (Namenwörter). Schreibe sie mit Artikel (Begleiter) auf!

Z	O	O	K	E	I	M	E	R	G	T
E	U	T	F	S	X	C	L	F	H	K
A	F	X	L	E	H	R	E	R	I	N
U	A	F	F	E	M	N	F	P	L	R
S	P	I	E	L	P	L	A	T	Z	K
F	Ü	S	K	Ö	S	V	N	W	G	Ä
L	B	C	F	W	Ä	R	T	E	R	F
U	V	H	P	E	B	E	F	K	R	I
G	A	W	S	C	H	L	U	S	S	G

Schreibe die Wörter nach dem Abc geordnet in dein Heft!

7. Hier stehen Verben (Zeitwörter) in verschiedenen Formen.
Immer drei Verben (Zeitwörter) gehören zusammen.
Ordne sie in die Tabelle ein!

machen · er ärgert · zugucken · er turnte
er füttert · dürfen · versuchen
turnen · sie macht · staunen · ärgern
sie staunt · er versucht · er fütterte
füttern · sie darf · er guckt zu · sein
er versuchte · sie durfte · sie staunte
er guckte zu · sie sind · sie machte · er turnt
er ärgerte · sie waren

Grundform	Gegenwart	Vergangenheit

Sonderangebot!

Schreibe den Text „Im Zoo“
in der Gegenwart in dein Heft!

8. Zu vielen Adjektiven (Wiewörtern) kann man Vergleichsformen bilden.
Ergänze die fehlenden Wörter!

jung	jünger	am jüngsten
lustig		
vorsichtig		
wütend		
kalt		
wild		

9. Witzsätze
Vergiss die Punkte nicht!

Die Zoo manchmal Elefanten in machten Ausflug den einen

Lehrerin herum im Die und Käfig die turnten Schüler

Die Seelöwen den Wärter mit fütterten Fischen

durften Affen gestern Die im nur Zoo fressen Fische

10. Kannst du die Bandwurmsätze richtig aufschreiben?
Kennzeichne zuerst die Wortgrenzen mit einem Strich!

Imzoo

Gesternmachtedieklassemitihrerlehrerin einenausflugindenzoo. Beidenelefantenstaunten diekinder,wievieldiesetieretäglichfressen. Aufmerksamgucktendieschülerzu,wiederwärter dieseelöwenfütterte. Einseelöweversuchte immerwiedersicheinenfischausdemeimerzuholen. Amlustigstenwarendieaffen. Sieturntenimkäfigherum, spieltenzusammenundärgertensichmanchmal. Zumschlussdurftendiekindernocheinbisschen aufdenspielplatzgehen.

Wörterliste

Wörter mit * hast du schon in „Für Diktate üben 2" gelernt.

A/a
Abend *
aber
ärgern
  ärgerten
Affe
alle *
allein
als
alt
am *
Ampel
Amsel
an
Angst
Apfel *
  Äpfel *
Arbeit *
Arm
auch *
auf *
aufmerksam
aus *
Ausflug
Auto *

B/b
bald *
basteln
bauen *
  baut *
Baum *
  Bäume *
Baustein *
bei
beide
bekommen
Bett *
Birne
bis
bisschen
bist *
Blatt *
  Blätter *
blau *
bleiben *
Blume *
böse
bringen *
  bringt *
Brot
Bruder *
brüllen
  brüllt
Buch *
bunt
Butter

D/d
da *
Dach *
danach
dann *
das
dazu
Decke
decken
  deckt
dem *
den *
denken
denn *
der *
dick *
die *
Dieb
diese
doch
dort
Drachen
draußen *
du *
dürfen *
  durfte
  durften
dumm
dunkel *

E/e
Ecke
Eimer
ein *
eine *
einem *
einen *
einige *
Elefant
Eltern *
endlich
entdecken
  entdeckte
er *
erkennen
  erkannte
es *

F/f
fahren *
Fahrrad
fallen
  fällt
fangen
  fängt
feiern
Feld *
Ferien *
fertig
Film
Fisch
fliegen
  flogen
Flugzeug *
fort
fressen
Freude
freuen *
  freut *
Freund *
freundlich *
frieren *
früh *
Frühling *
Frühstück
fünf
für
füttern
  fütterte
Futter

G/g
ganz *
Garten *
Geburtstag
gefährlich
gehen *
  geht
  ging
gelb *
gerade *
gern *
Geschenk
Geschichte *
Geschrei
gestern *
gesund *
gibt *
glauben
Glück
glücklich
groß *
grün
gucken
  guckten

H/h
haben *
  hat *
  hatte
Hals *
halten *
  hält *
Haus *
Hecke
heiß *
Herbst
herum
heute *
Hexe
hier *
Hilfe
Himmel *
hin
Hof *
holen
  holt
  holten

I/i
Igel *
ihm *
ihn
ihnen
ihr
ihre
ihrem
ihren *
ihrer
im *
immer
in *
ins
ist *

J/j
Jahr
jeden *
jemand
jetzt *
jung
Junge *

K/k
Käfig
Kaffee
kalt *
  kälter
Kasper
Kastanie
Katze *
kaum
keine *
Kind *
  Kinder *
Klasse *
klein *
kochen
können *
  kann *
  konnten
kommen
  kommt
Kopf *
krank *
Küche
kurz
  kürzer

L/l
lachen *
lange *
lassen
laufen *
  läuft *
  lief
laut *
leer
Lehrerin
leise *
lernen *
lesen *
  liest *
links *
los *
Luft *
lustig *
  (am) lustigsten

M/m
machen *
  macht *
Mädchen *
malen *
manchmal
Mann *
Marmelade
Maus *
mehr *
mit *